외투

김근희 시집

김근희 시인
1961년 서울 출생
2013년 계간〈발견〉신인상 등단
scwindpeace@naver.com

시와사상 시인선 21

외 투

김근희 시집

시와사상사

자 서

내 시에 내가 운다
눈시울에 젖은 노을은 흘러 흘러 가라

2014년 가을
김근희

차 례

시인의 말

제 1 부

얼룩을 먹다 11
입구 12
새벽, 전선을 스치는 14
보름달 16
상을 차린다 18
중앙동 20
퍼즐거울 22
발톱 23
타래 24
행방불명 26
채였다 28
고립은 라면처럼 부풀고 30
너 나 훔쳐보니? 32
가방K 34
TV의 옆모습 36
즐거운 경계 38

외 투

제 2 부

풀	43
의자	44
반쪽수박	46
에곤 쉴레를 위한 江	47
단추에게	48
돋보기	50
때로 산파가 되고 싶다	51
풀밭	52
목련	53
익숙한 풍경 속에서	54
삼십 센티	55
천막조개	56
길을 빠져 나온다	58
게장을 담그며	60
홍게	62

차례

제 3 부

해 질 녘	65
토르소	66
외투	68
5일간	70
오프닝 이벤트	72
이미지 메이킹	74
휘파람 소리	76
뮤즈의 바다	77
하관	78
꽃신을 염殮하다	79
외삼촌	80
주민등록번호	81
자고새	83
스탠드 불빛, 그리고 장맛비	85
2막	87

외투

제 4 부

하루살이 91
못 92
낙동강 94
수족관에 서다 96
노을과 새 98
거미 100
그저 틈이 있어요 101
나를 넘기다 102
빈집 104
굿모닝 베트남 105
사소한 일에도 눈물이 난다 106
흔적 108
잠시 110
겨울 초입 112
구포역 114

제1부

얼룩을 먹다

　감쪽같이 사라지는 당신의 그림자를 먹는다 당신의 표정이나 억양의 특징을 식당 벽면이나 낯선 이의 등 뒤에 세워두고 당신을 먹는다 몸 안에는 온전한 형태가 없으므로 당신을 그려내기가 더욱 용이하다 불손한 손가락을 부러뜨리려 달려드는 당신을 또 먹는다 눈을 떠보면 당신은 내 낙서더미 안에 살아 움직이다 주춤거리며 그 안 깊숙하게 또다시 종적을 감춘다 나를 이해하기에 앞서 숨겨둔 자신의 흉터가 더 아프기 때문이다 시들은 관음죽 한 촉을 뽑아 유리병에 담근다 자라지 않고 죽지도 않는 푸른색은 무섭다 보슬비에 몸을 맡긴 주름투성이 잎사귀는 항상 폭풍을 예고한다 밤과 낮을 구분할 수 없는 이 확연한 혼돈 속에서 일어서듯 주저앉아 나를 읽는다 끊어진 길 앞에서 성급히 발을 디디는 당신을 밀어뜨리며…… 우리는 휘청거리고 쉽게 덧칠한 가려움마저 먹어버린다

입구

천장에서 울리는 소리
그것은 동일하게 반복된다
심장이 그 빠르기에 맞춰 뛰기 시작한다

괘종시계 추를 뽑아내고도 잠 못 드는 밤이 많았다
너보다 아래에 있다는 것
그것이 문제다
문을 열어 재칠 때까지
계단은 몇 개일까
열 개 아니, 수백 수천 계단을 뛰어 올라야 하겠지
하지만
그 위층, 또 그 위층, 그리고 또 그 위층에서도
똑같은 소릴 듣고 있다면
그것은 내가 내는 소리일지 모른다

너의 밑이라는 두근거림
위라는 너의 막다른 골목이 두려워
옥상 문은 열려 있을까

아파트 뒷산 꿩이 새벽을 알릴 때

토막울음이 열어야 했던 날들
소리는 손목을 잡아끌고 어디로 사라졌나

앞으로 앞으로
위로 위로

입구는 보이지 않는다

이곳에서 저곳으로
아직도 두근거린다

새벽, 전선을 스치는

지난 밤 위층에선 비명과 집기 부수는 소리가 들려왔고
정신지체인 아들을 목 조르고
제 목을 맨 아버지의 끈이 내 목덜미를 쓰다듬던 밤이었다

여명은 미어질 듯 고요하고
전선에 앉은 한 점의 새
검은 동체는 퉁- 한 번의 튕김으로
세상을 요약하고 사라져 버릴 수 있으련만
날개가 없고

남루를 걸치고 곡예를 부려야 할 날들
심장을 도려 낸 태양에 사람들은 눈이 멀었다

전선을 스치는 바람의 팽팽함 앞에서
난 움직일 수가 없고
저 칼끝에 찔리고 싶고

얼마나 많은 우회를 거쳐야 앞을 볼 수 있나

검은 새
꽁꽁 언 전신줄을 떠날 줄 모르고
푸른 빛,

보름달

단 숨에 들이켜 버린 술잔에 얼굴이 있다
화려한 관冠을 쓰고도
맑고 가벼운 낯빛
다시 바닥 아래 고개를 떨어뜨리면
가까이, 가까이에서 더 가까이
육갑을 떠는 나의 허무를 삼키고 있다

겨울 자작나무숲을 지나다
깡마른 나뭇가지 언덕에 앉아있던 커다란 눈망울을 기억한다
그 구멍 속으로 빨려 들어간 헝클어진 머리다발을 기억한다
유리창을 부수던 서릿발을 기억한다
수 만년의 생들을 거둬들이고도
이 허접함을 저버리지 않는 너는, 마지막
나의 고귀한 하혈이다
셔츠의 단추를 푼다
가시 돋친 바람에 피를 흘리다 점점
씁쓸하게, 모서리를 떨구고
굴러서가는,

모래무덤이 되어가는 시간들
몸 구석구석 묘혈을 파고 있다

나를 삼키는 깊고 깊은 입맞춤

상을 차린다

차려진 상은 과장되어 있다
상을 차린다
끼니의 상과 언쟁의 상을
상을 치운다
걱정과 치욕과 낙서의 상을

기호와 선택은 항상 그 몫을 초과한다

국물을 흘리고 말을 쏟아내고 눈물 콧물로 더럽혀진 상을
매일 매일 말끔히 닦아낸다

이곳에서 저곳으로 어슬렁거리다
식탁 앞에서 바쁘게 상을 차리고 있다
앞날을 걱정하지 않는다고 큰소리치며 가계부를 뒤지고
고지서를 검토하고 한 사발 국에 밥을 말고 있다

새벽에 일어나 반들반들하게 닦여진 식탁 앞에 앉으면

한 번도 보지 못한 상처들이 차려져 있다
거칠고 두꺼워진 내 등이 엎어져 있다

손을 얹다 가슴으로 끌어안는다

어제는 공동묘지에 갔었다
수백 개 빈 식탁 위에 봉분이 차려져 있었다
모조 꽃들이 화려하게 꽂혀 있었다

중앙동

차를 빼러 간 친구는 오지 않는다
술집 천장에 매달린 술잔들이 나를 마시려한다
초침을 씹다 뱉어내는 분침
나는 정지다
나는 단순해진다

카운터에서 현금을 세는 여자가 내 지갑 안에 있다
테이블을 치며 고함을 지르는 저 남자의 침을
내가 꼴깍 삼킨다

종일 완벽한 잠적을 꿈꾸지
그러나 우리는 허술한 채로 들켜
쏟아져 나오는 마트로쉬카 인형들의 똑같은 얼굴이 되어
서로 다른 생각으로 인사를 하지

친구는 왜 오지 않을까
새벽 1시 30분
제 차를 분간 못해 주차장을 돌고 있을까
사라져버릴 게 없는 자신을 두고 사라져버린 것일까

창문 밖 포플러 나무는 왜 눈을 뜨고 있는 건지
간헐적으로 울리는 자동차 경적소리
밤 고양이의 눈
공원에 잠든 비둘기

남자가 내 어깨를 치고 휘청휘청 계단을 내려간다

퍼즐 거울

거울은 열려있는 감옥이다
적어도 막다른 골목으로 쫓는 일은 하지 않는다
자리를 피할 구멍도 뚫어준다
매번 도망치다 내 눈은 정말 커졌다
간판 같은 얼굴에서 시멘트가루나 페인팅조각이 떨어져나갈 때
위축될 때도 있다
하지만, 점점 굳어가는 거울 표면을 훔쳐보며
내 얼굴을 기억하지 못할 때
불끈 쥔 주먹이 무작정 나를 밀어낸다
밀.어.낸.다.
두리번거리는 얼굴은 다양한 표정으로 살아갈 수 있어
익숙하게 볼 터치를 하고 사람을 만나고
간판의 이름들을 입력한다

오늘 아침, 퍼즐을 맞추듯 다시 조립된 내가
말라죽은 벤자민을 화분에서 뽑아낸다
구멍 아래로 빠져나온 잔뿌리들이 땅을 움켜쥐고 놓아주질 않는다
수 천 개 눈들이 거울 속으로 질주하고 있다

발톱

사람만이 발톱을 깎는다

욕심도 깎고 내리막길 비탈길에 채인 화병도 잠재운다

꽉꽉 매인 울음 재워야 일어서는 길

켜켜이 두꺼워진 기억의 퇴적층을 모질게 끊어내는

굳은 손도 덩달아 슬프다

살을 파고드는 말

너는 살이 아니다

피도 뼈도 아니다

그래, 바닥 디딘 힘으로 저리게 얹혀있는 몸의 뚜껑일 뿐

비에 젖은 골판지마냥 퉁퉁 부은

흐린 파동의 함묵緘默

깎이고 깎이는

사람의 길이여

타래

사라진 실마리는 찾지 않기로 한다

마술사가 붉은 장미를 삼키고 끝없이 실을 뽑던 입에선 피 냄새가 났다

바닥에 흩어진 실들을 감는다

살을 찌우는 시간들

미로에서 빠져나온 삶은 한결 느슨하기를

헝클어진 실 뭉치를 모질게 끊고 살았다

토막 난 인연들을 옭아매 그 매듭에 매달려본다

나를 친친 감는다

목 졸려 숨 끊어져 본다

옆구리에서 실오리를 다시 뽑아 손목에 감는다

흘러내리는 옷으로 얼굴을 지워버리고 기억을 놓아버린,

실타래로 헝클어져 사라진 나를 찾지 않기로 한다

행방불명

주민 센터에 갔습니다
인식기에 엄지를 찍었습니다
여러 번 시도해도 식별이 되지 않습니다
당신은 당신이 아니군요 존재하지 않습니다
투명인간입니까
해독할 수 없는 기호입니까
거리엔 낯선 이들이 낯익은 의상과 몸짓으로
교제가 활발한 대낮입니다
이들 속에서 당신은 더욱 낯설군요
수많은 간판들에서도 당신의 이름을 발견할 수 없어요
나는 내가 아니므로 완벽한 자유를 선고* 받았습니까
살짝 죄를 짓고, 도망쳐도 무방하도록
새로운 기회를 선택 받은 것입니까
나는 가벼워졌습니다
아니, 나도 모르는 사이에 더 무거워졌습니까
사나흘 흩날린 눈발은 눈물보다 더 가벼워 사라졌습니다 그렇다면 동백,
그 꽃부리는 제 뿌리보다 무거워 먼저 떨어졌습니까

더럽혀진 면장갑을 벗어던지듯 민망한 손등을
비벼대다 나를 카피한 손이 역겨워집니다
하지만 벌겋게 부은 손은 전적인 제 소관입니다
오늘을 회복하기 위해
Amor fati!
내 운명을 사랑할까요

---

* 사르트르 말을 인용

채였다

공원 한편에 공이 버려져있다
축구공이다
몸을 가눌 수 없을 지경이지만,
죽어서 가죽을 남겼다
누군가를 헐떡이게 하고 투신케 하고,
욕망의 흰 꽃으로 피어나던 포물선을 구겨 넣고
공은 춥다. 한 걸음 다가선다
살갗이 터져있다. 그 틈새로
내가 버린 당신이 있다. 차이고
차여서 망각이 되어버린 허공이 웅크리고 있다
그것을 발로 굴린다
얼마나 채였으면 곤죽으로 널브러졌는지
바보축구 같으니, 시신을 확인 하듯 뒤집어 본다
착한 짓에 싫증이 난 인간은 이내 잔인해진다. 발
로 찬다
한 치 앞에 고꾸라지는 창백한 상실을
또 세차게 걷어차 버린다
킥, 솟구쳐
실성한 듯 피식피식 웃어대는 너를 잡으려 달려간다
쉼 없이 둥둥 날아, 중앙 분수대를 지나 겨울 숲을

넘어 사라졌다
  완벽하게 버려졌다 나는, 채였다

고립은 라면처럼 부풀고
- 원 플러스 원

일주일 째 전화는 불통이고 나는 갇혀 버렸다
라면을 끓인다
부른 배를 더 채우려 한 봉지를 더 뜯어 넣는다
몇 번의 젓가락질에 드러날 바닥이 싫어
고립에 빈곤을 휘휘 저어 핑계와 딴청을 건져 올린다
후루룩 면발을 말아 삼키며
군말 하지마
잘난 척 하지마
지금은 배가 터지게 두 봉지의 라면
하나론 모자란다고?
어둠 속에 퉁퉁 불어터진 새벽 불빛은 나를 또 허기지게 하고
남은 면발을 마저 쑤셔 넣다
개새끼 널 잘라 버리겠어
단절과 침묵 사이를 음미하고
빈곤과 극빈 사이에 치를 떨며
하나 됨이 뭔지 몰라 고독과 외로움이 헷갈리다
무엇이든 조금만 더 얹어주세요
를 노래처럼 부르던, 이런 진상

만족할 수 없다고?
그렇다고 덤으로 나를 얹진 마시길
하나에 또 하나가 딸려서가는
그 든든한 허기를 찾아 우린 헤매어야 하고,
국물을 다 마셔버렸다

너 나 훔쳐보니?

    본다 멀리 별들보다 환한 아파트 불빛들을. 유쾌하여서만 바라볼까 오늘을 마감하는 외로움이 긴 혀를 내밀어 맞은 편 창문을 닦아내고 있다 전원이 켜지고, 화면 속으로 복귀한 장면들을 탐색한다 빨간빛 레이스잠옷을 둘렀다 오늘은, 여자가 싱크대 앞을 머뭇거리다 쟁반에 뭔가를 들고 나온다 상투적이다 베란다에서 담배를 피우는 남자를 부른다 애타게 호명한다 결국 그 남자는 움직이지 않는다 내가 또 거절당했구나 이쯤에서 쟁반을 던져버려야 한다 다른 편으로 정신을 두어야 겠다 알몸의 여자가 타월로 몸을 문지르고 있다 머리채를 휘두르며 거울 앞에 있다 순진한 저 여자를 안다 깡마른 손이 유방을 만진다 나를 속였구나 저 여자가 음흉하군 남자가 있겠다 나는 혼자이므로 너보다 음흉하겠다 시선을 이동한다 이사 온 흑인 남자가 아이를 또 닭 잡듯 잡고 있군 아이가 울부짖는 아버지를 노려보네 엄마는 어디로 갔을까 방안에 감금된 저 남자가 딱하군 오늘도 예상을 벗어나지 못한 필름들을 감아둔다 밤새 재즈음악을 틀어대며 웃고 떠들던 위층은 상상에 여지를 남겼다 깜깜한 사각의 창문을 끌어당긴다 아무것도 볼 수 없다 아무것도! 어둠을 꿰뚫어 볼 때 까지 눈을 쏘아야 겠다 눈알이 빠지도록. 누군가 창가에 있다 수천 개 눈을 단 생명의 나무* 가 나를 훔쳐보고 있다 뿌리는 어차피 병들었다 도달 할 수 없는 무엇이라도 살아 있기를……

---

* 구스타프 클림트의 「생명의 나무」

가방 K

내 가방 속에는 많은 비밀이 들어있습니다
여름날의 오후, 가을 빛, 골목 안의 까페가 자리하고 있습니다
어떤 음모, 보여줄 수 없는 메모나 일기
억눌린 흥분과 불만이 엉겨 붙어 있습니다
생각해 보세요
주소지를 옮겨드리겠습니다
도착지가 어디십니까
가방의 무게가 줄지 않으니 입을 다물었습니다 오히려,
고질적인 무게에 집착하고 있습니다
더한 물량도 무방합니다 가벼운 내가 불안합니다
그곳까지는 늘 멀었습니다
무겁고 너무나 무거운 가방이
수하물 검열대를 통과하고 있습니다
저런, 가방이 벌어지고 비밀이 쏟아져 나옵니다
어쩔 줄을 모릅니다
비닐봉지 안에 세면도구와 뭉쳐놓은 세탁물
부끄러워 마십시오
쑤셔 넣고 던지고 끌고 다녔던 가죽이 낡고 낡아

지퍼마저 자꾸 터집니다
한번 씩 웃음이 터져 나오듯 말입니다
우글거리는 인파를 비집고
끈으로 동여맨 관계를 쉽게 찾았습니다

TV의 옆모습

문득 매연냄새가 맡고 싶어 거리로 나서듯
TV를 내복처럼 껴입고 싶은 겨울이 있습니다
그럴 때가 있습니다

아침부터 텔레비전은 채널이 고정된 채
고정된 말들을 뱉어 냅니다
내용 잃은 말들은 사람의 옆모습을 닮아
그 곡선의 흐름은 얼마나 외로운 음성인지요
스쳐지나간 무수한 얼굴들,
길거리를 지나치는 그 많은 발자국들이
화면 속에서 걸어 나오지만
어디로 가야할지
이리저리 서성입니다

빨래통에 돌돌 말렸던 양말을 털어내듯
오후 한 나절, 웅크렸던 귀가 점점 커지고
바람이나 비가 감당할 수 없는
사람의 소리
내 모습도 그려내고 있습니다

깊은 수면 속으로 귀가 가라앉습니다

질식해도 좋습니다

미안합니다

아직까지 TV의 옆모습만 바라보고 있습니다

즐거운 경계

– 파괴적 성격은 인생이 살 값어치가 있다는 감정에서 사는 것이 아니라 자살할 만한 값어치가 없다는 감정에서 살아가는 것이다 발터 벤야민 『문예 이론』

어디까지 가야 나를 배신 할 수 있을까
수십 통의 문자 메시지를 삭제한다
섬광, 그리고
헐벗은 침묵
빛은 늘 어둠에 서고
나는 압정처럼 꽂혀
한없이 흘러 갈 곳을 찾고 있다
흘러가는 곳
다시 태어날 곳은 애초에 없고
인생의 꽁무니를 완벽하게 감춰 버릴 곳은

신기루,
그것은 지상의 화음(和音)까지도 조롱한다
밀물과 썰물이 끝내 이루어낸 수평선
그것이 등을 돌리다
내 옆구리에 지느러미 하나 달아 주었다
이승과 저승을 혼돈하도록
그래서 눈도 뼈도 힘을 쓸 수 없게 하도록

판박이 같이 찍어내는 동일화면 속에서
무턱대고 살아가는 것이란
얼마나 견고한 이빨이 혀를 깨무는 탄식인가

도로를 달려오는
반대 편 차들의 속도에 질식하면서
부릅뜬 눈에 빨려들면서
내 비늘이 통째로 벗겨지는 희열 속에서
언제든 시간은 멈출 수 있다

그리하여 또 미뤄두기로 한다

자살은 늘 유효하니까
너를 삭제하는 일이 즐거우니까

헛발질하는 구름을 액셀러레이터 페달 위에 얹고
도로 중앙선을 뱉어 내며, 한 번씩
내 몸에 노랑 선을 그으며

제2부

풀

맨발로 풀밭을 걷는다

풀의 답은 눕는 것이다

오직

눕는 것이다

무게를 모으는 동안 풀은 무게를 나누는 것이다

들녘의 둥근 지평선도 고봉으로 쌓아 올린 사랑인 것이다

아픔은 차라리 부드러운 것이다

쓰러진 풀이 후들거리다 이내 피를 돌리는 것도

발바닥에 스민 젖은 손으로

너의 하루 양식을 준비하기 위함인 것이다

의자

사막 위에 의자가 놓여있어

빠져나와 달아나고 싶겠지
그러나
다리는 점점 모래 속으로 깊숙이 자라고 있어

모래바람은 끝없이 몸을 결박한 채
기울어가는 지평선을 배우게 했어
뻗어 내리는 뿌리가 사막을 핥아
그 땅에 닿을 때까지

고꾸라진 저녁 긴 골목은
둘둘 내 몸을 말아 바퀴가 되었고
휠체어, 그 위에서
바닥이 기운 건지 다리가 짧은 건지
묻지 않기로 했어

다만 무너진 두 다리 위에 얹힌 태양이
너무나 무거웠을 뿐

수많은 날들
어깨에서 못을 뽑아
헐거워진 다리에 단단한 심줄을 박아 준대도
넌 늘 삐걱거려 줄 거지

의자는 아득한 바다 속에서
자신을 버릇처럼 흔들어대던 어린 아이를 달래고
있어

반쪽수박

대낮, G마트의 조명등 아래
단칼에 반쪽이 난 전라의 몸뚱이,
그것을 바라보다
고독이란 핏덩어리가 울컥 쏟아져 나오는 것인데

이곳은 무덤인가
무엇이든 용서하고 싶은 몸은 쓰라려
생의 한가운데 뒹굴고 있는데

범전동 삼각마찌(町) 골목길에 안치된 유곽에
쩍쩍 갈라지는 웃음을 네온 등불에 적시던 여인들
캄캄한 몸을 비집고 신열처럼 치미는 바람을 타고
바퀴는 굴러갔을 것인데
손가락이 값을 매기는 시간들
청중이 많을수록 네온 등불은 더 붉어져
까막눈보다 더 까맣게 타들어 간
사리 같은 눈망울들이
몸 언저리에 점점이 박혀있네

코드를 뽑아내고 사흘 동안 냉장고에 갇힌
반 쪼가리 내 얼굴

에곤 쉴레를 위한 江

    목욕탕은 한산하다 한 젊은 엄마 어깨위에 잔물결이 인다 그 여자의 한 쪽 가슴은 생략된 채 조용히 흔들리고 있다 수술자국이 불모의 땅에 선명한 밑줄을 그었다 환상통의 저린 바람이 내 몸의 흉터도 뒤적였다 증발되고 남은 흔적이 다시 아파온다 하지만 젖가슴 언저리를 씻고 있는, 그녀의 단단한 손가락이 흘려보낸 악몽은 바싹 말라 보인다 물기 젖은 얼굴이 상기되어 있다 쌍둥이들이 옹알거리며 엄마 주위를 맴돈다 미끄러지지 않도록 하양, 분홍 양말을 꽃잎처럼 신고서 나비 핀도 각기 다른 색깔의 것들로 가르마를 탔다 되똥되똥 한 아기가 엄마 품안으로 코를 박는다 그녀는 성한 가슴을 딸아이에게 덥석 물린다 눈길을 나누는 아기가 한 쪽 다리를 리듬을 곱씹듯 흔들어 댄다 뽀얗고 싱그러운 살갗이 찰방찰방 물위에 떠가는 우윳빛 햇살 같다 뿌리가 허공에 걸린 채 해마다 꽃을 피우고 새를 키우고 열매를 맺는 나무가 또 한 여아에게 어서 오라 한다 그 고통의 자리에 단풍잎 손들이 두 젖무덤 사이를 오가며 아직 살아있다고, 토닥이고 어르며 젖을 나눈다

단추에게

칭칭 동여 매인다고 끌려가는 것은 아니야
반듯한 얼굴
야무진 다짐으로 시작된 오늘의 주인인 거야

잘못 꿰어진 너를 원망할 필요는 없어
엇박자의 리듬도 때론 여름 한낮 소나기가 되는 거지
길 잃은 길 위에 새겨진 발자국들
우린 얼마나 많은 제자리 찾기로
잃어버린 시간의 땅을 일구어냈는지

뿌리 깊은 나무는 하늘도 지키지
너는 홑씨로도 영원한 생명인거야
맞잡은 손 풀린
헤벌어진 구멍으로
매운바람 목이 말라도
굳은 언약 잊을 수 없지

풀어헤친 가슴의 상처
옹이의 눈길은 더욱 멀어

너를 놓고도 내딛는 발길 아래
어느새
동그란 씨알 터지고 있잖아

돋보기

 사과 한 알을 온전히 먹지 않는다 읽다 던져버린 책들 속에서 등을 떠민 친구들의 다 듣지 못한 이야기가 쌓여 있다 검게 변해 가는 나머지 반쪽. 변덕이란 동업자와 '오늘 휴업'이란 간판을 달고 인생의 반이 지나갔다 제대로 갖추지 못한 한 끼 식사에 익숙하고, 제대로 갖추지 못한 믿음을 떠올려 기도를 하고, 제대로 갖추지 못한 지식을 쥐어 짜 토론을 하고, 제대로 이루지 못한 사랑을 팔자라 치부하고, 돈한 번 벌지 못한 기생을 공생이라 위로하며, 꿈과 희망을 습관처럼 포기했다 오늘은 언청이가 된 얼굴이 종일 비를 마셨다 한 무리 새떼가 산 중턱을 부비다 주르르 반이 추락한다 벚나무도 반으로 내 몸도 반으로 쪼개져 늪으로 쓰러진다 묵은 청구서 한 장 떠오른다 절반을 내다버린 온전한 죄. 그것이 도중하차한 여러 갈래 길 위에서 내가 버린 '나'를 부둥켜 세워둔다

때로 산파가 되고 싶다

　소쿠리에 담아 놓은 사과. 수북한 그것으로 몇 날의 아침 식사를 준비하려 했지만 먹지 않았다 열매는 거기에 놓여 있었다 결핍과 기다림이 겨울 햇살에 어른거릴 때 제 몸의 터질 듯 한 향기를 어떻게 가눌 수 있었을까 씨앗은 쓰레기통 안에서도 결실을 꿈꾼다는데, 사과는 팽팽한 제 살점을 거둬들여야 했을 것이다 꼭지 주위가 물컹해진다 기다릴 수 없다 씨알을 뱉어 내야 한다 어미 개가 갓 낳은 새끼들을 삼켜 버린 일을 기억한다 새끼는 눈이 없고 등뼈가 심하게 뒤틀려 있었다 어미는 제 몸을 바쳐 씨앗의 처음으로 돌아갔다 사과 한 알을 집어 살점을 도려내 본다 성한 곳이 없다 반 토막을 내었다 소리 없는 벌레가 벽을 무너뜨리듯 사방에서 암갈색 팔목들이 시간의 중심을 향해 파고든다 열매는 제 몸을 벌린 산파였다 종자는 싱싱하다 과육을 삼킨 향기, 사방에서 피어오르고, 분만실 창가 미끄러지는 저녁해.

풀밭

고양이 주검을 밟았어
발바닥이 비명을 질러댔지만 너의 몸은 떨어지질 않았어

뒷골목 쓰레기봉지가 게워낸
벌건 찌꺼기들
한 조각 꿈속에 잠겨
붉은 혀가 너의 입술을 달래고 있었어

식당 유리창 너머 와자한 웃음소리 쏟아지고
너는 잘 자란 한 무더기 풀밭 같이 누워있었어

하늘은 푸르고 땅은 기름져
털옷을 걸친 봉분 하나
지금쯤 동산을 넘어갔겠지

풀밭을 걸을 때면
발바닥 아래 풀잎이 아장아장 걸어가고 있어

목련

시작이 매번 오고 있다

골목어귀로 길을 나서면
너는 천의 눈을 달고 서 있다

선채로 봄을 보내는 너는 나 보다 늙어 보인다
겨울을 몰아낸 커다란 손들이
휴지조각만 남겼을 뿐이다

교정 앞, 시계탑 종을 치던 황금빛 목련
지금은 헐렁한 주머니 속에서도 찾을 수 없다

열어놓은 문으로 겨울을 털어내었다

그래, 물음만 있다 가볍게 물음만 있자

어렵게 내린 답들이 낡은 책 속에서 죽어간다

다시 종이 울린다

답도 없는 물음들이 끝없이 꽃을 피운다

익숙한 풍경 속에서

당리에서 구포 간 몸을 싣는다
4년간이다
을숙도 지나 세 번을 갈아타야 구포에 닿는 길
내 살림이 제자리걸음이듯
가로수는 자라지 않는다

변변한 것 없이 이어지는 변두리 풍경들
환승
환승
구걸하듯 매달렸던 발길들을
누가 훔쳐 갔는지
오늘은 정류장도 보이지 않는다

차창 밖으로 팔을 뻗는다
손가락 사이에서 헛되이 보낸 시간들이 빠져 나간다

바람이 된 생각도, 떠나버린 사람도 아깝지 않다

나를 배경으로 살고 싶을 뿐이다

환승카드를 찍다 단추 구멍 하나가 풀렸다

삼십 센티

내 시야는 삼십 센티 간격으로 토막 난다
삼십 센티에, 또 삼십이 보폭이 된 대나무자
누웠다 일어서다
앞산 소나무까지 토막토막 걸어가네
졸음 겨운 손바닥을 내리치던 내 안의 경계警戒
책가방 옆구리를 들쑤시며
곧게 살아가라 했지만
헛된 약속에 진저리쳐
꼬리까지 감춰버린 삼십 센티

삼십 센티만큼의 약속
삼십 센티의 무너짐
삼십 센티의 희망
또한 삼십 센티의 구멍 속에서 눈시울 젖던
삼십 센티만큼의 슬픔.

삼십에 삼십, 또 삼십을
허리가 끊어질 듯
한 숨 몰아쉬면서
내 몸 안에 넣어서 가지

천막조개

어물전 천막 끝에서 빗물이 떨어진다
다라이 통에 수북이 쌓여있는 조개들
굳게 다문 입으로 빗소리를 듣고 있다
빗물이 제 입술 사이 송곳처럼 박혀도
저승을 섞는 맛에 취할 수밖에 없겠지
그 속에서 제각기 다른 메아리를 환청으로 그리며
모래톱 속으로 사라진 기억을
조심스레 뒤적이고 있을 것이다
광장에 모여든 수많은 사람들처럼
얼굴도 없이 친밀한 체온만이 쌓여있다
누구든 죽음을 예감할 때부터 철학자가 된다지
난 그때 얼굴이란 것을 떠올리려할까
깊은 호흡 저 밑, 개펄에
대여한 가면을 고이 접어두고 광장의 온기를 찾으러
몸을 벗을 것이다
저 단단한 껍질의 나이테를 따라 젖고 있는 빗물은
이제 누구의 눈물도 될 수 없다
아린 살점들
똑 같은 껍질을 봉분처럼 뒤집어쓰고
더 큰 바다에 모여 있는 것이다

한 번 떠나는 어려움이 날선 칼날에 가벼워지고 있다

길을 빠져 나온다

어둠 속에서 개가 달려 나온다
갑자기 내가 도둑인 것 같아 도망친다
쫓기는 나는 두 발 짐승이다
명지 파밭을 기웃거렸을 뿐인데
난장을 치고 뽑아낸 파 한 다발이 겨드랑이에 숨겨져 있다
덜큰한 파 냄새
이브가 훔쳐 먹은 사과도 이렇게 달았을까
나는 날 수 없다
헤엄칠 수 없다
허공을 향해 속삭인다
(훔친 게 틀림없어)

파 한 다발에 꽁꽁 묶인 나의 두 팔,
두 다리가 내달리는 길,
밤바다는 달무리를 삼키며 빈속을 달래는가
추격해오는 개와 마주하고
나는 컹컹 짖는다 으르렁거린다
야속한 도시의 불빛은 내 꽁무니에 길 하나 던져 주지 않고

제 자리 자지러지듯 빌고 빌었다
돌아가라
다시는 얼씬 하지 않겠다
네 등골에서 아무것도 뽑아내지 않겠다

낙동강 저 너머
커다란 어망에 낚여있는 폐선들
내 두 발은 아직도 묶여 있는가

명지 파밭에서

게장을 담그며

등딱지 속으로 밀어 넣은 엄지손톱이
지린 갯내음에 수몰된다
집게발로 저은 그득한 달밤,
뼈를 달구는 교합의 허무를 던져두고
기어든 바다, 깊은 언저리

씹어낸 모래알
여위어가던 걸음걸음
손바닥 위로 물길을 긋고 있다
완강한 몸짓
뚝뚝 다리 떨구고도 가야 할
그 거품 속 바다.

추억의 등에 떠밀려 걸어 나온 이 자리도
쓸어내고도 남은 뻘밭이다
누군가 살 마르도록 사랑한 적 있었던가
흘린 진땀의 무게가 가벼워지는
무거운 나이를 용서하라
감청 빛 바다 한 켜 모질게 떼어내려는
허기진 바람이 남아 있구나

쌓아올린 맹세도 서러운,
갑각의 무덤 위로 벌어지는
마지막 집게발
가슴 한 점
물고 있다

홍게

골목어귀 트럭에서 김이 오른다
입맞춤도 한 번의 포옹도 준 적 없는데
홍등 아래 달구어진 몸뚱이들
내 뺨이 붉어온다
영덕대게 간판이 등껍질보다 무거워도
여덟 개 온전한 긴 다리
거품 같은 사랑을 익혀
죽어서도 제 껍질에 숨어 울겠지
살 빠진 다리를 씹어대던 국물 맛은
글쎄, 다리뼈가 으스러져도 기어서 가는 맛이랄까
여명 무렵
집게발로 들썩이던 한 덩이 잠이 고스란히 자망에 건져질 때
삶은 홍게바리 깃발을 날개삼아 날아가고 싶었겠지
영덕 어느 포구를 지나
어장 좌판을 벗어 던진 채
옆으로 옆으로
가볍게 가볍게
붉게 붉게

제3부

해 질 녘

철물가게 앞, 싸리비 얼굴이 하늘 깊숙이 잠겨 있다

간판도 자동차바퀴도 골목길도 보이지 않는다

도다리 여남은 마리 건미역더미 곁 포개져 있다

마을버스 기다리는 아이들 땀내가 황혼 속에 자욱하고

한 노파 지팡이에 업혀 온다

맞은 편 길이 또 한 노파를 끌고 온다

기억의 실오리가 은빛 머리칼에 풀려 간다

토르소

바람소리조차 들을 귀가 없다

잃어버린 시간도 멀리, 고사목 둥치가 울고 있다

폭포의 몰락도 한 때 찬란한 보금자리였으리

끊어진 길을 따라 내딛고 싶어

아픔 없는 아름다움은 유희에 불과하다

그림자도 무너뜨린 벽이 된 심장소리

아픔을 보이지 마라

너로 하여 떠오른 얼굴

허리를 넘는 개망초 흐드러진 들녘

까마득한 이별이 별무리 되어 내 무릎도 꺾었구나

뭉긋뭉긋 차오르는 그리움

한 조각 기억으로 잊히질 않겠다

차디찬 내 손과 발,

어미 새는 바람에 부러진 날개로 둥지를 품고 있다

휘달리는 저녁 해가 남기고 간 채찍이 어둠 속 고요를 깨우고 있다

무엇을 남겨야 하나

외투

쇼윈도에 비친 내 모습에 흠칫 놀란다

우뚝 선 덩어리

당신은 누구신가

허리를 구부려본다
엉거주춤 따르는 흉물스런 움직임
오른 팔을 들어 올린다
슬그머니 뻗는 왼팔
아, 이 반역은 아직 무엇이든 뒤집을 수 있나
　정오의 태양 아래, 그림자를 구겨 넣는 상처투성이 발
포복하는 무릎,
변신과 변신
닫히고 열리는 문틈 사이 꿈틀거리는 주름살들
찡그린다 웃는다 이내 울음 삼킨 그늘 속에서
긴다 긴다…… 캄캄함을 거슬러
제 허물의 문양을 기억하는 뱀
오로지 배밀이로 그어댄 길을 제 몸이라 여기는,

이 구걸

문득, 무거운 외투 속 관절 꺾이는 소리
아— 가슴에서 떠밀린 공명이 허공이 되면
너에게서 벗어날 수 있을 거야

두 눈알이 굴러굴러 하늘 끝까지
바람을 차고 오르면
한 점으로 버려둔
문득,

5일간

들고 온 잡지 한 귀퉁이에 몇 자 적습니다
줄행랑칠 곳은 플라스틱 나무 그늘 뿐입니다

새벽 2시 반
네덜란드 KLM 공항 4번 라운지
풍차는 헛돌고
인조 야자수에 얹힌 창백한 하늘

죽어가는 자의 평온한 낯빛은 어디서부터 체념일 수 있습니까

아이슬란드 에이야프얄라요쿨의 화산폭발
썩어가는 환부를 뚫어
허공을 빠개는 비명소리에
재 투성이 가슴은 푸른 눈썹을 떨고
재갈 물린 사람들은 시궁에 엎드려 있습니다
뼈가 멍드는 캄캄한 신열
갈라진 잠 속으로 숨 몰아쉬는 지구의 파편들을 비집고
새앙쥐 두어 마리

백야의 폐부에 쥐똥을 갈깁니다

　적십자대원이 건네 준 기름진 빵조각을 우물거리는 사람들

　끝내 목이 죄여든 자리
　하늘과 땅
　인조나무 갈퀴 안에
　막다른 발걸음을 멈추고, 우리는

오프닝 이벤트

대낮 도로 위, 정지선이 실족한다
속력뿐이다
사정없이 밟아대는 액셀러레이터
뒤쫓던 바람이 공중분해 되다 하늘이 빙글빙글 도망친다
횡단보도 앞 행인들의 출발신호
마른 침 삼키는 소리

오픈식한 전자마트 빌딩 앞에 출렁이는 만국기
셀로판지 번쩍이는 칼날 끝에 휘청거리다
외계의 도로가로 기어 오른 화성인

저 멀리 땅 끝으로 사지 흔드는 치어걸
확성기 확확 타는 템포에 묶인 발목
슈퍼주니어의 음률에 발광하는 태엽인형
국적불명의 시커먼 머리채 풀어 상모를 돌린다
허연 허벅지가 서러운 청춘을 멈출 수 없다

붙잡힌 막대풍선이 허리 꺾으며 웃는 동안
붉은 신호등이 현기증을 일으킨다

뛰어야 한다……

날아야 한다……

실신하는 정적

이미지 메이킹

벽에 걸린 행주치마와 고무장갑이
양파와 풋고추의 땀내를 말리고 있네
너희의 한숨이 눅진하게 피부로 스며들 때
깨금발로 입맛 다듬던 아낙의 하루해가
캔버스 위 날개를 펼치고 있어
하나의 미술작품이 탄생했다는 생각이
바퀴를 굴리며 방안을 돌아다녀
반쯤 담긴 맥주잔에 익사한 하루살이
천장에 그려진 캔자나무 그림자
유리창 높이에 닿지 못한 둥근 걸레자국……,
난 하루를 만들고 있었던 거야
사물들의 파동 속에 나의 맥박이 술렁이고 있어
서로의 그림자를 빠르게 분해시키며 말야
뒤샹의 변기통이 전시장에 놓여 진 후로
미로를 더듬던 체증이 샘이 되어 솟구쳤어
화장을 하고 콧등에 점을 찍어보았지
까만 마침표 하나가 늘어진 시선을
팽팽히 당겨 새로운 눈길을 꿰뚫었어
벽을 기어오르는 사물들의 물음
물음이

공복의 허전함을 덧칠하려
질근질근 제 몸을 씹어
팔레트 위 색색의 물감을 짜 넣고 있네

휘파람 소리

해거름 고개 넘는 휘파람 소리
등이 저리다
불면의 목마름 뒤척이다
넘치는 말(言)의 발목 삼키던 입
저녁 버무리다
누에가 온 몸으로 실을 뽑듯
한 장의 고운 비단으로
하루를 감싸고 있다

채 아물지 않은 상처의 울음 잠재우려
석양은 저리도 붉게 타는가

실 빗살 푸른 노래
땅을 짚고
떠간다

뮤즈의 바다

바다가 술렁입니다

물 위를 걸어오는 발자국 소리,

파도를 신고 온 여자가

삭아버린 시간의 무늬를 깁습니다

긴 울음이 바닥을 차고 올라

솔개가 되었습니다

마른 뼈는 아픔도 잊습니다

슴벅슴벅 베어나는 시침의 무딘 심장소리

기억의 수레가 땅의 무게를

느리게 느리게 끌고 갑니다

우린 한번 씩 잃어버린 시간의 구슬을 쥔

뮤즈의 여신이 됩니다

때로, 알알이 꿰어진 목걸이를

땅거미 긴 목에 걸어주기도 합니다

하관

얼어붙은 사각의 모서리가 반듯하다

퉁퉁 부은 눈물이 목젖에 갇혀 있다

한 삽의 흙만이 이승의 틈을 바른다

조용한 아픔이 지팡이를 잡고 줄줄 흐른다

삼일 반 만에 자궁 문을 연 철부지 손자가

봉분에 올라 한참을 땅을 다진다

내려오는 산길 따라

아버지 헐렁한 허리끈이 누워 있다

산 아래 여닫히는 문소리

강을 토막 내고 있다

꽃신을 염殮하다

 외씨버선도 헐렁했다 열여덟 연분홍 엄지발톱, 돌부리 채인 피멍이 고사리발로 뒤뚱거렸다 유학 간 남편의 객혈을 묻고, 숭숭 뚫린 창호지 바람벽이 밤을 울었다 망망한 밤바다, 등불조차 밝힐 수 없는 배 한 척. 세상이 넓을수록 옭아드는 발, 매화 밭 돌며 수절守節의 매운 가시 발아래 꽃잎 새겼다 모시적삼 고름에 쓸리던 모진 그리움, 서성이던 발목을 넘어뜨렸다 자던 잠에 가게 해 주게…… 두 평 남짓 바다, 까맣게 타버린 염주가 자박자박 가라앉았다 마침표 찍지 못한 지린 십여 년을 나란한 발가락이 지켜보았다

외삼촌

콩나물시루에 물을 붓는다
꼿꼿한 줄기 사이
더러 곱사등을 한 것
뽑히면 그저 망연히 우는 것
비바람에 살을 섞어 떨군 눈물이
노란 머리 언저리에 조랑조랑 매달려 있네
열한 살에 성장을 멈춘 삼촌
멍한 웃음 벌어진 코끝에 늘 눈물 똥이 매달려 있었지
폭우 범벅이던 어느 밤
무임승차로 도망 온 고향 역에서
피떡이 되도록 얻어맞은 그의 굽은 등이
대문 앞에서 모락모락 김을 피우고 있었어
가슴에선 자꾸 풋것의 비린내가 나
사랑이 없으면 더해오는 목마름
오늘도 마른 가슴에 한바가지 물을 몇 번이고 쏟아 부었어
재도 되지 못한 얼뜬 목숨이
밑 빠진 독 속에서
빳빳하게 몸을 세우고 있어

주민등록번호

서랍을 뒤지다 우연히 보았다
아버지의 주민등록번호
빨간 손도장을 껴안고 수인처럼 갇혀 있다
바삭 마른 엄지벌레 같은 몸, 가만히 손을 대 본다
비틀비틀 누런 종잇장을 벗어나도 갈 곳이 없다
시대에 낙인찍힌 너털웃음 속에
일곱 자식은 그늘을 몰랐다
아버지 운명만큼이나 뒤틀린
13자리 숫자.

이력서 한편에 나의 주민등록번호를 적어 넣는다
차갑게 맞물린 거울조각이 나를 요약하려든다

꼬리표를 달아 떠나보낸 짐 꾸러미들
내일은 몇 개의 문을 더 통과해야할까

신생아에게 채운 발목 띠가
납골당 상자 위에 얹힐 때 까지
기호들이 지나간다

서류를 봉인하다
자동으로 검색되는 코드 넘버
611222-2010XXX.

자고새 *

 남의 둥지 오십 년을 끌어안았다

 뼈마디 앙상하게 정情을 찌운 몸
 내 자식이라 어르던 노래 불현듯 서러울 때면
 '나도 뿌리가 있어야, 너들 다 크면 그 곳에 가 편히 쉴꺼'
 하마하마 손가락 꼽던 당신
 장호원 혈육의 과수원 밭
 저승을 허락한 혹 덩어리가
 겨울 복숭아나무 가지에 주렁주렁 달렸다
 만 리길
 등을 쓸어 목이 메어도
 두 눈은
 이 땅의 몸부림을 한 줌 재라 일렀다
 차창 밖으로
 엄동삼동 엎어진 강줄기에
 날개 박힌 새
 노역의 발길은 물살을 데우고
 네 몸은 얼어있다
 고개고개 이지러진 손톱

강을 가라앉히고
너를 건너는 한강 다리는
석양을 흘리며
도시 불빛에 다시 골몰하는데
날개 끝에 부러진 허공 어디
네가 누울 것인가
새여

자고새 * 남의 알을 품는 새로 새끼를 품는 동안은 먹지도 마시지
도 않는다. 새끼가 자라 나를 수 있게 되었을 때 자고새
가 자기 어미가 아닌 줄 알고 모두 도망친다.

스탠드 불빛, 그리고 장맛비

형제간도 멀어져 남만 못하고
몇 번 빠진 모임은 보잔 말도 끊기고
왠 종일 다문 입이 얼얼해 와도
내 몸 하나 외롭지 않아
자리 잡은 캔자나무 한 뼘 건너
내 새끼 액자 속에 어린양을 떨고, 뒤로는 슴벅이
는 스탠드 불빛
그 한 뼘 또 건너 벤자민 잎사귀 밤바람을 실룩이고
그대로 살자

무너지는 장맛비에 잠이 깨었다
하늘아, 소용없다
빛바랜 별이나마 알뜰히 가꾸고 높이 살아라
팔베개가 외워보는
우리 동네 간판이름
(이승 찾을 때 써먹으려고)
화림꽃집, 동원비디오, 풍국정육점…… 그 건너
마을버스바퀴가 더 잘 알겠지
회전목마 돌고 도는
적당한 자리 끌어안고

해 뜨고 해 지는 저 산이
멀게도 가깝게도
빙빙 돌다
한 점으로 날 반기고

2막

  새를 보았다
  베란다를 빠져나가려 바둥거리던 주검엔
  벽의 균열이 박혀 있었다
   소용돌이치다 멈춰버린 현기증이 가을 햇살을 급하게 끊어내고 있었다

  가쁜 숨소리가 깃털에 결을 새긴
  굳어버린 돌 하나
  손바닥 위에 뉘인다
  차갑다

  들여다본다
  눈 주위는 아직도 보송했으나, 외마디
  가 동공에 방점을 찍고
  부리는 깨어져 있다
  손바닥이 따뜻해진다

  다시 들여다본다
  산꼭대기 바위절벽에 제 부리를 짓찧는 늙은 독수리
  되살아나려 목숨을 축이던 이슬방울 속에서

핏덩이, 이 쉼이 보인다

돌에서 부리가 자라 나온다
쉼 없는 순간순간이 파문波紋을 굴리고 있다
무서운 속력이 어둡고 싸늘한 동굴을 빠져 나오고

베란다 문을 열고 돌을 던진다
가벼워지고,
내 손이 날개처럼 펄럭인다

제4부

하루살이

36.5 ℃ 그 이상도 그 이하도 불안한 것은
어쩔 수 없는 사람의 생태라 여긴다 해도
백 촉 전구 아래 차가운 주검을 쓰레받기에 받으며 저녁이 기운다
내 몸의 죽어가는 세포가 너희를 닮았다기에
하루에도 여러 번 먼지 같은 흐느낌을 날린다 해도
생생한 작별의 넋두리를 어찌 맞장구칠까
해질 녘은 벼락같이 뜬 눈으로만 바로 볼 수 있으리
신들린 몸짓은
순간을 영원으로 산다는 위로를 참말로 밝혀
썩은 생선 부레 속에서도
떨어진 터럭의 모근에서도 생의 모체를 빌린다는 걸 알아
그래, 난 찌개그릇 언저리나 베어 문 복숭아 살점에
필사적인 몸부림을 방관하지 아니 묵독默讀하지
그것도 모자라 둔한 육신 더 늙어도
너희를 알아차릴 제물을 준비하겠네

못

이사 나간 빈 방
짐 내린 못이 벽을 붙들고 있다
녹 가루 제 몸 긁어도 짊어질 무게 빳빳하다

정확히 정수리 한 대씩을 얻어맞아야
정신을 차리는 못난 놈
약 오른 난타는 허리 휘게 패대기쳐져야 놓아주지 않던가
외마디가 넋 잃은 피멍으로
등을 세운 너

육신을 움켜쥐고
꼿꼿한 흔적을 뒤적인다
아프다 아프다
뼈가
무딘 가슴을 찌르고 있다

침몰한 사랑이다, 너는

틈과 틈을 일 받치는

명치의 힘
벽과 벽을 관통하는
길고 먼 다리다

휘청이는 길로
정수리가 뛰어간다

낙동강

1

금속성 소리 쟁쟁 울리는
대낮의 낙동강은 은백색 뼛조각을 나른다
분명 뜨거운 피가 흐르다 굳어가는 시점에
아픔의 무게도 떠오르리라
바다에 닿는 유골遺骨의 유영이여

2

수목은 몸 부비며 상처를 달랜다
겹겹으로 쌓인 가슴앓이
모질게 견뎌온 바닥으로 깊어만 가고
화석이 된 사연들
바람 속에 잊혀져 갈 때
뜨거운 노래는 수의를 벗는다

3

강바닥 긁던 손톱이

가시연꽃 가슴에 피를 쏟았다
수십 년 찔린 침묵의 날개로 펼친
울음 돋친 얼굴의 밀어密語

4

어지러운 마음
굽이굽이 강나루 언덕길 힘겨울 때면
우르르 하늘 가르던 새떼
칼날의 부리를 털며
수만 창공의 높이가
한 올의 깃털로 물 위에 앉는다

수족관에 서다

바닥은 늘 고향인가
넙치
배를 깐 등뼈는 물살 헤던 은백색 가시 뼈로 바다를 모으고 있다
거꾸로 갈앉는 눈
엎어진 세상을 쓸어 올리다
갈맷빛 그리움을 아가미에 쑤셔 넣는다
아서라, 너는 이제 미끼도 아니다
허연 부레, 넋 놓은 춤사위는
포식한 거품에 불과하다
걷어낸 가사假死의 바다 한 점이
플라스틱 통 안에 박힌다

바다보다 짠 소금물로
한 줄 시詩를 떨구다

쫄깃한 살점에 값을 놓는 억센 손이
내 작은 비늘을 긁어댈 때
서해의 찬란한 햇살이 꼬리뼈의
선혈로 흐를 때

몸 부비며 산란한 수십만 마리의 자식에게
나의 바다를 바친다

해와 달을 얼굴에 모은 기도가
바닥을 짚고 일어선다

노을과 새

방충망 뚫린 구멍으로 들어온 새
베란다 공간을 사방으로 정신없이 부딪치고 있었어
내쫓으려 해도 소용이 없었어

녹아내리는 저 몸을 등지고
집밖으로 나온 하늘엔
부리에서 새어나온 핏물이 번져가고 있었지

어쩌겠어
지친 하늘을 떠돌던 해는
빛과 어둠 사이
그 질긴 창살에 갇혀서라도
제 몸을 태워버리지
벽들이 넘어지고
이마가 아파와

무섭고도 아득한 슬픔
눈물 따윈 어디에도 스밀 수 없어

위로 받을 수 있는 건

목에 걸린 밥덩이처럼
떠 있는
저 엉성한 붉은 빛

희미한 어둠이 가득한 베란다엔
새는 사라지고
나풀거리는 깃털 몇 개
새똥 한 점 찍혀 있을 뿐

거미

항문이 헐도록 내장을 짜내며
까무러쳤다 깨어나기를 반복해
제 피를 팔아 한 끼 배를 채우는 횡재가
매일 죽고 매일을 살아내
병원 화장실 타일 벽에 붙은 피 산다는 스티커를 기억해
그 끈끈함으로 입을 살아도 할 말은 있어
차가운 맹물을 들이켜
얻어낸 한 사발의 뜨거운 피
현기증 나는 아침 해는 눈 부셔
상대의 가슴팍에 사정없이 빨대를 꽂아
한 치 앞을 보았지만
어둠의 틈을 이은 은빛투망은
다시, 또 다시

밤을 새워 살의 품은 촉수가 포획한 건
껍질만 남은, 나 자신이야

그저 틈이 있어요

메우려 해도 꽉 찬 구멍이 있잖아
버려진 우물이 물고 있는 자갈
천형의 무게가 가슴 눌러도
어룽어룽 뚫어진 틈새로 여전히 물소리 있잖아
울음 쏟는 하늘 아래 숲은 잠시 젖을 뿐이야
가슴이 정말 비어만 있다면 우리는 눈물도 마를 거야
다행이야, 우리가 채우는 공간을 위하여

지하철에서 마주앉은 여자
두꺼운 화장이 내 눈을 기웃거렸어
서로를 더듬어보았지만
부질없잖아

어쩔 수 없이 단단하게 고여 오는 물

다만 듣고 있었어

나를 넘기다

아파트 재활용더미에 한 무더기의 책들이 비에 젖고 있었다

○○○ 선생님 혜존
아무개 시인이 비에 젖고 있었다
아무개 시인이 고스란히 손바닥을 펴 보이며
서로 몸을 포갠 유령들 속으로 들어가고 있었다

폐기된 기록들은 다음과 무관한 채 삭제되고 있었다

완벽하게 항복한 바닥

인생을 바꾸려다 거덜난 백지수표엔
한 생을 토막 낸 칼자루가 남는 거다
남은 날을 휘두를 여백이 남는 거다

비에 젖는 강물은
빗방울의 낙하를 다 받아 준
그저 물이다
무릎 꺾이기 전

흘려보내야 할 어제의 이야기

충혈 된 전구가 몸을 뒤적이는 밤
팔을 넘긴다
다리를 넘긴다
가슴을 넘기다
온 몸의 소리가 소리를 넘기고, 시간이 시간을 넘기고

내가 버려질 차례다

빈집

너무 늦게 나를 버렸다
주인이 길 하나 사이로 확장 개업한 지금
찌그러진 양철탁자, 빛바랜 방석들
아궁이 언저리 검댕이 자국이 판잣집의 내력을 안고 있다
껍데기로서의 소임을 끝마친 울타리는
이사 나간 식솔들의 더욱 분주해진 발길들을 바라본다
겉과 속이 달랐기에 힘들었던 시간이었다
값싸고 맛깔 나는 안주와 막걸리 주문에
불붙듯 거머쥔 매상의 호기가
말라비틀어진 울타리 담을 넘었다
줄짓는 취객들도 7080노래도 끊긴 적막 속에서
나는 이제 집이 아니다
그저 나란히 기댄 늙은 판자더미로
담쟁이 넝쿨 간지럼에 히죽이 웃어주다
등꽃 향에 스르르 눈을 감고
오래 전 잘려나간
내 등걸을 생각한다

굿모닝 베트남

검정 비닐봉지
육교 현수막 위로 날아간다
"결혼을 하였으면 무조건 행복하라"
저것의 속을 몰라야 행복할 수 있겠다
가벼워 가벼워
휑한 것의 무게를
꽁치 몇 마리 야채거리와 돼지고기 한 근 부려놓고
손가락조차 놓쳐버린
저 꼬락서니 좀 봐
눈치껏 살았어야지
행복이 멀어질수록
봉지매듭은 쉽게 풀리지 않아
흥건한 음식 국물 흘려보내고
빨래 줄에서 비린내 말리던
썩지 못하는 저 허물은
구멍도 뚫리지 않았는지
허공 저편으로 제멋대로 날아간다
꽉 찬 세상 속으로

사소한 일에도 눈물이 난다

유리잔에 담긴 얼음이 녹아 물이 되어 고인다

입술을 비집고 실실 웃다 터져버린 울음처럼
유리는 단단하여 불안하다

서울에 숨어 산 왕 다방 미스 리는 길 건너 정육점 주인에게 몸을 팔았다. 그녀를 사랑한 청년이 산산조각 난 술잔의 파편을 씹어 삼키며 쏟아진 얼음처럼 몸부림쳤다.
70년대 사랑이었다.
이빨에 비벼진 피울음을 선반 위에 놓인 유리잔들은 기억할까
속이 훤한 속임수
부서지기 직전을 화려하게 꿈꾸고 있나

깨어져라
깨어져라
차라리 지금 깨어져서 산산조각 나는
비명을 듣고 싶다

유리벽을 부순 얼음은 얼마나 뜨거웠던가

하지만 나는 아무것도 깨뜨리지 못하고
아픔을 깎아 유리의 성 하나 건넬 뿐이다

너는 잠시 머물다 사라지고,
빈자리
채워진 얼음
유리잔 아래로 물이 되어 고여

흔적

웅천 두레 헌, 싸리 문 울타리 곁 늙은 개가

제 집 지붕 위에서 살다 갔다

가슴 들어갈 구멍이 없었다

새끼 품던 빈 집을 끌어안고 땡볕을 덮었다

떨어뜨린 다리에 묻은 반쯤 감은 눈

끼니 잊은 곯은 배 탓만은 아니었다

파리 떼와 참새가 앗아간 밥그릇도 안중에 없이

잔디 마당에 연잎 넘실대는 물소리도

갈라진 혓바닥을 핥지 않았다

개털뭉치가 바람을 풀풀 날렸다

한 세상이 허연 젖꼭지에 쭉정이를 훑고

꼬리 일으켜 늘어진 시선 쓸었다

빈 뜰이 젖고 있다

잠시 | 暫時

바람을 비벼댄다
물기 뱉어내는 빨래의 남은 자국,
설익다 털어버린 내 흔적은 잔열殘熱로 내려
흙 한 줌 데울까
지우는 것으로 잊힐 수 없는 것들
견뎌온 세월의 옹이는 어느 틈새 나의 몸짓인가

창 너머 기를 세워 가는 세발자전거
여분의 바퀴는 늙은 지팡이로 기억될는지

밤 지난 아침은 멀쩡하고
똬리 튼 상처는 여름에도 겨울잠을 자야하는데
하루 몫의 젖은 옷은 새우잠에서 쉬어
새벽을 입혀야하나

그림자도 없이 잊혀져간 옛일이
무릎을 돋우는 단단함이여
혼이 빠질수록
넘실넘실 일어서는 가벼움이여

찰나는 강이 되어 돌멩이를 나르고
기억은 없다
수심水深 깊은데

단잠도 허사일 어느 무렵
붉은 항문
꼬옥 쥔 울음
풀려서도
어디
자국으로
잠시,

겨울 초입

백발노인이 골판지더미에 떠밀려 간다 비탈길이다

수레보다 빨라야 할 발목이 비쩍 말랐다

구포맹인복지회관에서 일마치고 내려오는 길

오늘은 현대자동차 철야농성 중인 비정규 직원들의 이야기를 읽었다

배가 고프다 농심 새우깡, 원조 since1963 삼양라면, 초절전형 신일 히터기

생활이 빠져나간 빈 상자더미 위에 내가 앉고 바람이 앉고

어디로 가든 나도 내 이름을 지우고 싶다

코트 속에서 지키지 못한 약속들이 뿔뿔이 흩어져 날아간다

부르르 몸이 떨린다 가을은 여전히 짧고 노인의 성성한 머리칼도 짧다

오르막을 바라보는 짐 꾸러미가 발목을 끌어 내린다

구포역

화단 아래 여자가 자고 있다
커다란 가슴을 땟국 흐르는 점퍼에 묻고서
둥글어진 몸 위에 너울너울 만발한 철쭉무리
처연히 바람을 흔들어대는데
해가 지기 시작한 지는 오래 되었다
사람들은 모였다 흩어지고, 휑한 자리
알 수 없는 슬픔에
내 아랫배 근처를 꾸욱 눌러 본다
붉은 빰과 심장과 그 많은 약속의 눈망울들 빠져나간
이곳은 서늘한 침묵
철로 위의 이별은 늘 예정된 일이라
뒤돌아설 일만 남았다
잘 가라 잘 가라
꽃잎을 잡아먹는 노을을 두고 잘 가라
밤이 자리를 찾아 술렁이고 있다
태양을 들어 올린 청춘은
오염된 도시에 나무로 자라고
수수께끼 같은 기억들만 남아
그늘 속에 제 그림자를 뒤적이고 있다

자궁이라는 무덤 위로 날아든 꽃씨
푸푸 불며 꽃을 피워대는 저 여자

□ 해설

시즙屍汁과 해방의 시안詩眼

박대현(문학평론가)

　세상에는 많은 경험들이 존재한다. 그러나 대부분의 경험은 증언할 필요조차 없는 경험들인데, 평균적인 수준의 삶에서 벌어지는 것들이 이에 해당한다. 근대적인 삶은 평균 이상도 그 이하도 아닌 경험들을 발생시키며, 그것은 근대적 경험의 표준이 된다. 근대인들도 그 표준에서 가급적이면 벗어나지 않으려 한다. 그럼에도 불구하고, 우리는 낯선 경험들을 마주하게 되는데, 때로는 언어로 증언할 수 없는 경험들이 있게 마련이다. 그런 경험들은 어떻게 처리되는가. 프리모 레비가 아우슈비츠의 증언 불가능성의 고통 앞에서 결국 자살하고 말았듯이, 근대 체계는 표준을 넘어서는 경험을 허용하지 않는다. 무젤만은 증언의 불가능성 지대에 거주해야 한다. 그것은 근대의 견고한 삶을 파괴하는 위험한 경험이기 때문이다. 이를 위해 근대 내부에는 무엇이 작동하는가. 그것은 이성적·합리적 체계라는 근대의 환상 구조를 깨뜨리는 어떤 경험도 침투하지 못하도록 하는 억압체계다. 세계의 곳곳에 벌어지는 전쟁의 참상은 이미 익숙하지만, 정작 전쟁의 처참한 경험에 대해서만큼은 지독한 거리 조정을 단행하고 있는 것이다. 따라서 우리의 경험은 조작되고 평균화된 것으로서 도시의 '평균율'에 따라 세인世人의 삶 수준을 벗어나지 못하고 만다.

  근대 체계에서 벌어지는 '경험의 파괴와 박탈'(아감벤)은 더 이상 새로운 일이 아니다. 우리가 일상 속에서 겪는 경험들이 과연 어떤 수준인가를 들여다보면, 그것은 더욱 분명해진다. 별다른 의미를 덧붙일 수조차 없는 자동화된 장면들의 연쇄가 우리의 삶이다. 그리고 늦은 밤 하늘을 바라보며 느끼는 우울은 도시의 누구라도 느낄만한 종류의 것에 지나지 않는다. 우리를 매혹시키는 경험들은 대개 무의미하게 반복되는 자극과 쾌락의 볼륨만을 한껏 높여 놓았을 뿐이다. 우리 스스로 목격하고 증언해야 하는 경험들은 근대적 체계의 언어로는 포착할 수 없는 어둠 저 너머에 존재할 뿐이다. 그래서 경험을 박탈당한 우리 스스로의 모습 또한 어둠 속에 존재하며, 우리의 실제 모습은 우리 자신과 분리되어 그 어떤 언어조차 얻지 못한 채 웅크리고 있을 뿐인 것이다.

시인의 언어는 그 웅크리고 있는 경험을 향해 손을 뻗는다. 이 경험과 언어의 접촉은 낯설고 전례가 없는 일이기에 언어는 경험을 어떻게 다루어야 할지 도저히 알 수 없다. 서로가 닿는 순간 언어와 경험은 상처입는다. 상처에 상처가 덧나고 다시 치유되는 과정이 반복되면서, 어둠 속의 경험은 언어로 형상화되는 법을 겨우 터득하게 된다. 그럼에도 불구하고 그 경험은 여전히 소외되어 있을 뿐이다. 세인世人들은 더 이상 어둠 속의 경험을 필요로 하지 않고 요구하지 않는다. 더구나 그러한 경험이 세계의 재난에 준하는 일이 아니라, 한 개인의 주체 속에서 발생하는 재난이라면 더욱 그러하다. 주체의 재난, 즉 주체의 죽음을 확인하는 언어란 오늘날엔 쉽사리 읽힐 수 없는 성질의 것이다. 그럼에도 시인은 자신의 죽음을, 주체의 빈 구멍을 들여다보는 일을 멈추지 않는다. 일상적 언어로 표현할 수 없는 낯선 경험의 공포가, 혹은 그 자신에게는 지극히 익숙한 불안과 우울이 스스로를 덮쳐오기 때문이다. 그런 종류의 경험은 보편적임에도 불구하고 자본에 종속된 근대의 주체는 그것을 외면할 수밖에 없다. 그러한 경험은 효용가치가 전혀 없는 것이므로 질병에 준하거나, 정신이상 징후로 치부한다. 따라서 내면의 재난에 주목하는 시인들은 오늘날의 자본주의 체제 속에서 완벽하게 버려진 시인들이다.

그러나 역설적이게도 버려진 시인들이야말로 시인의 가능성을 품고 있지 않은가. 이 세계가 외면하는 깊은 수렁을 굳이 들여다볼 수밖에 없는 자야말로, 어쩔 수 없이, 운명같은 시인이니까 말이다.

> 어물전 천막 끝에서 빗물이 떨어진다
> 다라이 통에 수북이 쌓여있는 조개들
> 굳게 다문 입으로 빗소리를 듣고 있다
> 빗물이 제 입술 사이 송곳처럼 박혀도
> 저승을 섞는 맛에 취할 수밖에 없겠지
> 그 속에서 제각기 다른 메아리를 환청으로 그리며
> 모래톱 속으로 사라진 기억을
> 조심스레 뒤적이고 있을 것이다
> 광장에 모여든 수많은 사람들처럼
> 얼굴도 없이 친밀한 체온만이 쌓여있다
> 누구든 죽음을 예감할 때부터 철학자가 된다지
> 난 그때 얼굴이란 것을 떠올리려할까
> 깊은 호흡 저 밑, 개펄에
> 대여한 가면을 고이 접어두고 광장의 온기를 찾으러
> 몸을 벗을 것이다
> 저 단단한 껍질의 나이테를 따라 젖고 있는 빗물은
> 이제 누구의 눈물도 될 수 없다
> 아린 살점들
> 똑 같은 껍질을 봉분처럼 뒤집어쓰고
> 더 큰 바다에 모여 있는 것이다
> 한 번 떠나는 어려움이 날선 칼날에 가벼워지고 있다
> ─「천막조개」전문

시인은 일상 속에서 죽음을 직관한다. 어물전 '다라이' 속에 수북이 쌓인 채 죽음의 맛에 취한 조개들.

다라이에 떨어지는 빗물을 "저승을 섞는 맛"으로 진술하는 데에는 분명 시인의 세계관이 머문다. 조개들의 껍질을 '봉분'에 비유한 시적 감수성도 마찬가지다. 문제는 그 조개들의 껍질이 모두 '똑같다'는 점에 있다. 다라이에 한 무더기로 쌓여 있는 조개들이 모두 죽음을 껴안고 있는 존재라면, 그것을 바라보는 시인 역시 죽어가는 존재가 아닌가. 시인뿐만 아니라, 모든 살아있는 존재들은 저마다 봉분을 등에 지고 살고 있는 것이나 다름없다. 뭇 존재들이 부정할 수 없는 이 공동성은 바로 죽음에서 나온다. 그럼에도 불구하고, 무더기로 쌓인 그 공동체는 "얼굴도 없이 친밀한 체온만이 쌓여있"을 뿐이다. 얼굴도 없다는 것. 죽음에 주박당해서는 얼굴조차 내밀지 못하고, 혹은 내밀어야할 얼굴조차 없는 상태로 웅크리고 있다는 것. 죽음은 이토록 집단적이면서도 개인화의 수준을 넘어서지 못한다. 공동성으로서의 죽음을 지니고 있으면서도, 죽음은 철저히 개인화의 수준에서 벗어나지 못한다. "얼굴도 없이"라는 시구가 주는 쓸쓸함이란 아마도 여기서 빚어지는 것일 테다.

죽음을 향한 시선은 사실 시인 자신을 향한 시선이다. 죽음에 대한 예감은 모든 인간을 지배하는 비극적 정조다. 그럼에도 불구하고 모든 죽음에는 저마다의 단독성이 깃든다. 죽음에 대한 사유를 쉽사리 일반적 논리로 묶을 수 없는 이유다. 시인이 왜 죽음에 주박당하고 있는지는 알 수 없다. 다만, 죽음을 예감하는 시인은 이 세계의 한 증상이며, 이 증상을 대체하며 축적된 온갖 재화와 물질들의 기저에 무엇이 도사리고 있는가를 드러낸다. 흔하지는 않지만, 드물지도 않게, 죽음의 감수성은 이 세계에 늘 잠재되어 있으며, 또한 강렬하게 출현한다. 죽음 앞에서는 모든 것이 의구심의 대상이 된다. 무엇보다 먼저 줄기차게 "나를 읽는다".(「얼룩을 먹다」) 이 지독한 자의식의 끝은 자신의 존재마저도 부정하는 사태다.

쇼윈도에 비친 내 모습에 흠칫 놀란다

우뚝 선 덩어리

당신은 누구신가

허리를 구부려본다
엉거주춤 따르는 흉물스런 움직임
오른 팔을 들어 올린다
슬그머니 뻗는 왼팔
아, 이 반역은 아직 무엇이든 뒤집을 수 있나
정오의 태양 아래, 그림자를 구겨 넣는 상처투성이 발
포복하는 무릎,
변신과 변신
닫히고 열리는 문틈 사이 꿈틀거리는 주름살들
찡그린다 웃는다 이내 울음 삼킨 그늘 속에서

> 긴다 긴다…… 캄캄함을 거슬러
> 제 허물의 문양을 기억하는 뱀
> 오로지 배밀이로 그어댄 길을 제 몸이라 여기는,
> 이 구걸
>
> 문득, 무거운 외투 속 관절 꺾이는 소리
> 아— 가슴에서 떠밀린 공명이 허공이 되면
> 너에게서 벗어날 수 있을 거야
>
> 두 눈알이 굴러굴러 하늘 끝까지
> 바람을 차고 오르면
> 한 점으로 버려둔
> 문득,
>
> —「외투」 전문

 자기 자신을 이처럼 낯설고 이물스럽게 드러낸 예가 있을까. '당신'은 쇼 윈도우에 비친, 즉자화된 '나' 자신이다. '나'라는 존재는 '나'의 의미망에서 벗어난 채 '나'에게 갑작스러운 출현을 알린다. '나'가 존재하고 있다는 낯선 충격. "당신은 누구신가", 타자화된 '나'를 향한 이 물음의 답은 결코 있을 수 없다. 그러니까, 정오의 태양은 수직에 가까우며, '나'의 그림자는 가장 짧다. 태양이 '나'를 수직으로 비출수록, '나'의 그림자는 줄어든다. 태양과 '나'의 각이 어긋날수록 그림자는 커진다. 그러니까, '나'의 존재란 태양과 '나'의 어긋남이며, 이 어긋남에서 비롯되는 그림자다. 그림자는 허상이다. 그렇다면, 그림자가 빨려 들어가는 '외투' 내부의 '나'는 누구인가. 이 시에 따르면, '나'는 허공과 닮은 공허에 지나지 않는다. 그러니까 정오에 가까워질수록 '나'의 그림자는 '나'라는 공허 속으로 빨려 들어간다. 남는 것은 없다. 그림자가 기어왔던 흔적은 "제 허물의 문양을 기억하는 뱀"에 지나지 않으며, 그조차도 "오로지 배밀이로 그어댄 길을 제 몸이라 여기는,/ 이 구걸"로 말끔히 정리된다. '나'라는 존재는 구걸에 바쳐진다. 구걸은 치욕이다. '나'라는 존재 자체가 치욕으로 느껴지는 것은 왜인가. 시인의 자의식은 존재의 자명성을 계속 뒤흔든다. 이는 죽음이 준 선물이다. 어쨌든 '나'는 '당신'으로부터 벗어난다. 그 허물 벗기가 완료될 때 남는 것은 남루한 '외투'에 지나지 않는다. '외투' 안에 든 것은 아무것도 아니며, 허공으로 흡수될 '무'의 공허에 지나지 않는다. 이로써 시인은 '나'라는 존재의 미시감未視感을 전경화하는 데 성공한다.

이 허무의 감각을 어찌할 것인가. 허무의 윤리적 각색조차 사유의 저류低流라면, 시인의 허무는 보다 깊은 사유에 들어서게 하는 뜨거운 촉매가 될 것이다. 허무 속에서조차 의미를 건져올리는 것이 사유의 숙명이며, 때로는 죽음조차도 의미 그 자체가 된다. 시인은 아직 허무에 어떤 의미를 부여하는 데까지 나아가지 않는다. 죽음과 허무에 시안詩眼을 바싹

들이댄 채 그것들을 최대한 날것으로 드러내고자 한다. "뼈를 달구는 교합의 허무"(「게장을 담그며」)에서 '교합'이 삶 이편의 실재라면, '허무'는 실재의 공허를 마주한 자의 정동(affect)이다. 허무로 가득한 이 삶은 '교합'의 세계다. '교합'의 세계라서 허무한 것이고, 허무해서 교합의 세계다. 사랑이 교합에 지나지 않게 되는 순간은, 누구에게나 찾아온다. 시인은 사랑이 끝나던 순간을 직관한 바 있다.

> 살갗이 터져 있다. 그 틈새로
> 내가 버린 당신이 있다. 차이고
> 차여서 망각이 되어버린 허공이 웅크리고 있다.
>
> (중략)
>
> 완벽하게 버려졌다 나는, 채였다
>
> ―「채였다」 부분

사랑은 완벽한 환상이다. '나=당신'이라는 동일성의 환상은 사랑을 충일케 한다. 그것이 깨어지는 순간 버림받는 것은 다름 아닌 사랑이다. 사랑이 생生을 욕망케 하는 환상이라면, 허무는 사랑이 파괴된 자리 그 자체다. '나'와 '당신'이 아니라, 사랑이 버려지는 것이다. 사랑의 환상은 삶의 환상에 육박한다. 환상이 소거된 후, 사랑은 "뼈를 달구는 교합"의 수준에 머문다. 어떤 의미도 사라진 물질성의 세계.

시인은 사랑의 허무를 통해 삶의 허무를 직관하는 데 능숙하다. 그러니, 이 허무의 세계를 벗어나고자 하는 충동 또한 시인이 감당해야 할 정동이다. "새를 보았다/ 베란다를 빠져나가려 바둥거리던 주검엔/ 벽의 균열이 박혀 있었다".(「2막」) 세계의 '2막'을 향한 움직임은 결국 죽음으로 귀결된다. 그런데 새의 주검에는 "벽의 균열"이 박혀 있는 것이 아닌가. 세계의 균열이 곧 주체의 균열, 혹은 죽음으로 귀결되고 만다는 비극적 인식은 확실히 진리에 가깝다. 이 세계의 벽을 벗어나고자 하는 욕망은 죽음에 가까운 것이기 때문이다. 그럼에도 불구하고 시인은 벽 너머를 향한 충동에서 자유롭지 않다. 그 충동은 물음의 형식을 띠기도 한다. "벽을 기어오르는 사물들의 물음".(「이미지 메이킹」) 그러나 물음에 대한 답答의 좌절은 '타래'의 이미지로 돌아온다.

> 사라진 실마리는 찾지 않기로 한다
> 마술사가 붉은 장미를 삼키고 끝없이 실을 뽑던 입에
> 선 피 냄새가 났다
> 바닥에 흩어진 실들을 감는다
> 살을 찌우는 시간들
> 미로에서 빠져나온 삶은 한결 느슨하기를
> 헝클어진 실 뭉치를 모질게 끊고 살았다
> 토막 난 인연들을 옭아매 그 매듭에 매달려본다
> 나를 친친 감는다
> 목 졸려 숨 끊어져 본다
> 옆구리에서 실오리를 다시 뽑아 손목에 감는다

> 흘러내리는 옷으로 얼굴을 지워버리고 기억을 놓아버린,
> 실타래로 헝클어져 사라진 나를 찾지 않기로 한다
> – 「타래」 전문

    이 세계는 헝클어진 실뭉치다. 정확히 말하자면, 이 세계를 살아가는 주체의 삶이 그러할 것이다. 그럴수록 주체는 스스로의 기원에 천착한다. 그러나 그것은 실마리처럼 엉킨 실타래 속에 감춰져 있을 뿐이다. 그것의 존재 여부조차 알 수 없다. 그럼에도 불구하고 실마리를 찾으려 하는 욕망이 주체의 목을 "친친 감는다". 목이 졸려 숨이 끊어질 때까지. 주체의 기원은 실타래 그 자체일지도 모른다. 실마리를 찾아서 실오리를 따라 거슬러 올라가 본들, 그 끝에는 아무것도 없다. 실의 기원에는 실이 사라진 공백밖에 없다. 그러니 주체의 기원은 실타래 그 자체인 것. 실을 뽑아내 봐야 "피냄새"만이 진동할 것이다. 사라진 '나'는 "찾지 않기로 하"는 것이 상수다. 하여, 주체에게 남는 것은 시간에의 예민한 감수성이다. "모래무덤이 되어가는 시간들/ 몸 구석구석 묘혈을 파고 있다"(「보름달」), "다리는 점점 모래 속으로 깊숙이 자라고 있어".(「의자」) 이와 같은 문장들이 "초침을 씹다 뱉어내는 분침"(「중앙동」)처럼 튀어나온다. 그렇다면, 세계라는 벽 속에 갇힌 자가 할 수 있는 일이라고는 없다. "얼어붙은 사각의 모서

리"마다 "한 삽의 흙"으로 "이승의 틈을 바르"거나 (「하관」), 스스로 그곳에 누워보는 일이다. 시인은 묻는다. "바닥은 늘 고향인가". 그리고는 "바다보다 짠 소금물로/ 한 줄 시를 떨구"는 것이다.(「수족관에 서다」) 하지만 절망만이 시인의 모든 것은 아니다.

> 맨발로 풀밭을 걷는다
>
> 풀의 답은 눕는 것이다
>
> 오직
>
> 눕는 것이다
>
> 무게를 모으는 동안 풀은 무게를 나누는 것이다
>
> 들녘의 둥근 지평선도 고봉으로 쌓아 올린 사랑인 것이다
>
> 아픔은 차라리 부드러운 것이다
>
> 쓰러진 풀이 후들거리다 이내 피를 돌리는 것도
>
> 발바닥에 스민 젖은 손으로
>
> 너의 하루 양식을 준비하기 위함인 것이다
> ―「풀」 전문

"벽의 균열"이 박힌 새의 부리를 기억해보라. "벽

을 기어오르는 사물들의 물음"도.(「이미지 메이킹」) 그 물음에 대한 답이 여기에 있는 건지도 모르겠다. "풀의 답은 눕는 것", "오직 눕는 것". 시인의 시집 전체를 관통하는 이미지가 죽음을 향해 수렴되지만, 역설적이게도 시인은 바로 그곳에서 사랑을 말하고 있다. "무게를 모으는 동안 풀은 무게를 나누는 것". 눕는 행위가 죽음으로 귀착되지 않고 "고봉으로 쌓아올린" "둥근 지평선"의 "사랑"을 느끼는 행위로 전이된다. 환상의 파괴 이후 '교합'의 물질성으로 전락했던 사랑은 이렇게 전혀 다른 모습으로 살아난다. 그러나 시인에게 사랑은, 하나의 잠재성으로만 남아 있다. 그것은 아직 펼쳐지지 않은 가능성이다. 타자를 향한 시선(사랑)은 아직 이 시집에서는 성글지 않은 하나의 심연이다. 다만 이 시집 마지막에 수록된 「겨울 초입」이나 「구포역」에서 타자를 향한 사랑의 가능성을 확인할 수 있을 뿐이다.

  구포맹인복지회관에서 일마치고 내려오는 길

  오늘은 현대자동차 철야농성 중인 비정규 직원들의 이야기를 읽었다

  배가 고프다 농심 새우깡, 원조 since1963 삼양라면, 초절전형 신일히터기

  생활이 빠져나간 빈 상자더미 위에 내가 앉고 바람이 앉고

어디로 가든 나도 내 이름을 지우고 싶다.
───「겨울 초입」 부분

화단 아래 여자가 자고 있다
커다란 가슴을 땟국 흐르는 점퍼에 묻고서
둥글어진 몸 위에 너울너울 만발한 철쭉무리
처연히 바람을 흔들어대는데
해가 지기 시작한지는 오래되었다
사람들은 모였다 흩어지고, 휑한 자리
알 수 없는 슬픔에
내 아랫배 근처를 꾸욱 눌러 본다.
───「구포역」 부분

  자기 죽음에의 몰입은 어느덧 타자를 향한 시선을 내비친다. 시인의 구체적 삶도 실루엣을 드러낸다. 시인을 지배하고 있는 우울에 사랑이 깃든다. 물론 이 사랑은 '교합'으로 전락하고 말 참혹한 사랑과는 전혀 다른 것이다. 우울과 죽음을 거쳐 온 사랑은 그만큼 윤리적이다. 죽음을 체험한 자만이 죽음의 공동체에 가닿는다. 죽음은 인간의 근원적인 공동성이다. 막스 피카르트가 말한 것처럼, 죽음은 모든 인간의 공동성을 이룬다. '아무것도 공유하지 않은 자들의 공동체'(알폰소 링기스)는 죽음 속에서 발견된다. 공동체에 내재한 근본적인 배제성을 제거하는 최종 심급이 바로 죽음의 공동체다. 그렇다면, 시인의 사유에 공동체의 기미가 스미는 까닭을 이해할 수 있게 된다. 자기 죽음에 타인의 죽음을 덧대는 순간,

시인의 시는 공동체의 시로 점화되기 마련이다. 그것은 죽음의 공동성을 통해 이 세계의 모든 존재를 껴안을 수 있는 자기 확장을 이룬 시, 어떤 타자를 향해서도 주저하지 않고 공명할 수 있는 시일 것이다. 죽음을 경유한 후, 시인이 껴안고자 하는 풍경은, 아마도 이와 같으리라.

그러나 그곳에는 여전히 "내 이름을 지우고 싶은 충동"이 내재하며, "슬픔"도 이유를 "알 수 없는" 것인 채로 존재한다. 주체와 타자의 고통이 혼재하는 세계 속에서 시인은 죽음과 허무, 그리고 우울에 대적해야만 한다. 그것 역시 엄연히 이 세계를 이루는 심리적 실재이자, 인간의 본래적 경험이다. 시인은 주체의 내면과 타인의 풍경 경계에서 서성인다. 그러나 그 서성임이 내면을 향할 때 더욱 강렬해지는 것은 어쩔 도리가 없다. 마치 "내가 버려질 차례"(「나를 넘기다」)를 기다리듯이, 혹은 어쩔 수 없이 허무한 이 세계에 '잠시'의 흔적이라도 남길듯이. 그 '잠시'가 매우 뜨거운 울음인 것도.

> 찰나는 강이 되어 돌멩이를 나르고
> 기억은 없다
> 수심水深 깊은데
>
> 단잠도 허사일 어느 무렵
> 붉은 항문
> 꼬옥 쥔 울음

풀려서도
　　어디
　　자국으로
　　잠시,

　　　　　　　　　　　　　－「잠시暫時」 부분

　시인은 자기 허무와 분열의 길을 한동안 더 가야 하리라. 답이 없는 물음으로 인해, "벽의 균열"이 시인의 뼈에 새겨지리라. 이것 또한 시인의 운명이 아닌가. 속절없이 마주하는 이 세계의 물음, 그리고 보이지 않는 '실마리'에 대한 시적 탐문探問과 더불어 "압정처럼 꽂"힌 채 "한 없이 흘러 갈 곳을 찾"아야 하리라. "다시 태어날 곳은 애초에 없고/ 인생의 꽁무니를 완벽하게 감춰 버릴 곳"에서 말이다.(「즐거운 경계」) 그것이 시인의 삶이라면, 기꺼이 감당해야 하리라. 그리고 시인은 말한다.

　　판박이 같이 찍어내는 동일화면 속에서
　　무턱대고 살아가는 것이란
　　얼마나 견고한 이빨이 혀를 깨무는 탄식인가

　　도로를 달려오는
　　반대 편 차들의 속도에 질식하면서
　　부릅뜬 눈에 빨려들면서
　　내 비늘이 통째로 벗겨지는 희열 속에서
　　언제든 시간은 멈출 수 있다

　　그리하여 또 미뤄두기로 한다

자살은 늘 유효하니까
너를 삭제하는 일이 즐거우니까

헛발질하는 구름을 액셀러레이터 페달 위에 얹고
도로 중앙선을 뱉어 내며, 한번씩
내 몸에 노랑 선을 그으며
― 「즐거운 경계」 부분

  자기 허무와 죽음을 거쳐 시인은 이 세계를 향해 뜨거운 언어를 구사한다. "판박이 같이/ 찍어내는 동일화면 속에서/ 무턱대고 살아가는 것이란/ 얼마나 견고한 이빨이 혀를 깨무는 탄식인가". 이 시집에서 시적 사유의 정점은 이 구절에 머문다. "내 비늘이 통째로 벗겨지는 희열 속에서" "언제든 시간을 멈출 수 있다"는 자신감의 근거는 자살에 있다. 시인에게 있어서 자살은 세계에 대적하는 강력한 무기다. 자살은 '나'를 지우는 것이 아니라 '너'(세계)를 삭제하는 것. '나'를 압살하는 이 세계의 시간을 멈추게 하는 것. 그리하여 시인은 이 세계의 속도에 질식하면서도 도로 중앙선을 침범하듯, 이 세계를 파괴하는 언어를 구상하고 있는 것이다. "도로 중앙선을 뱉어 내며, 한번씩/ 내 몸에 노랑선을 그으며" 말이다. 이를 두고 시인은 '즐거운 경계'라고 말한다.
  시인은 세계의 경계 내부에 살기를 거부한다. 이 힘은 어디서 비롯되고 있는가. 죽음의 사유를 힘껏 견딘 자의 시안詩眼은 시즙屍汁으로 젖어있다. 시즙에 젖은 시의 각막에 닿게 될 때 아무리 견고한 세계일지라도 파괴되고 마는 것이다. 죽음의 충동은 세계에 공백의 자리를 남긴다. 세계의 구조물에서 중요한 이음새를 빼버리는 것. 그 순간에 이 세계는 파괴되고 그 실체가 드러나게 된다. 이를 두고 바디우는 '빼기의 폭력'이라고 한 바 있지만, 시인은 세계의 경계를 파괴하는 그 힘을 이미 자기 안에 응축하고 있는 것이다. 그것이 가능했던 이유는 자기 죽음을 사유한 자의 '내면' 때문이라 하지 않을 수 없다. 죽음에의 사유란 곧 "깎이고 깎이는/ 사람의 길"인 것, 그래서 "사람만이 발톱을 깎는다"라고 시인은 말한다. 자기 죽음에의 사유는 "꽉꽉 매인 울음 재워야 일어서는 길"이지만,(「발톱」) 우리는 어느덧 마주하고 있다. 자기 죽음을 넘어 세계의 경계 위에서 '외투'를 벗고, 위태롭게, 하지만 "내 비늘이 통째로 벗겨지는 희열 속"에서 자유와 해방을 꿈꾸는 시인의 내면을 말이다.

> 돌에서 부리가 자라나온다
> 쉼 없는 순간순간이 파문波紋을 굴리고 있다
> 무서운 속력이 어둡고 싸늘한 동굴을 빠져 나오고
>
> 베란다 문을 열고 돌을 던진다
> 가벼워지고,
> 내 손이 날개처럼 펄럭인다
>
> ―「2막」 부분

외 투
시와사상 시인선 21

찍은날 | 2014년 11월 24일
펴낸날 | 2014년 11월 28일

지은이 | 김근희
발행인 | 김경수
펴낸곳 | 시와사상사
부산광역시 금정구 부곡동 325-36번지
전화 : 051-512-4142
팩스 : 051-581-4143
E-mail : sisasang@dreamwiz.com
http://www.sisasang.co.kr

등록번호 | 제05-11-7호
등록일자 | 2005년 7월 18일

인쇄처 | 도서출판 셰리윤

값 8,000원

ISBN 978-89-94203-11-9 04810
　　　978-89-958264-1-6 (세트)

- 본 도서는 2014년 부산문화재단 지역문화예술육성지원사업의 일부지원으로 시행됩니다
- 이 도서의 국립중앙도서관 출판도서목록(CIP)은 서지정보유통지원시스템 홈페이지(http://seoji.nl.go.kr)와 국가자료공동목록시스템(http://www.nl.go.kr/kolisnet)에서 이용하실 수 있습니다. (CIP제어번호 : CIP2014032737)
- 잘못된 책은 바꾸어 드립니다.
- 지은이와 협의에 의해 인지는 생략합니다.